Hedil Al-Rashid

Denkst du an meine Liebe?

Liebesgedichte

هديل الراشد

أتفكّر في حبي؟

قصائد حب

Die Gedichte sind teils in arabischer,
teils in deutscher Sprache entstanden
und von der Autorin
in die jeweilige Sprache übertragen worden.

Titel: **Denkst du an meine Liebe?**
zweisprachige Liebesgedichte (Deutsch/Arabisch)
Autorin: **Hedil Al-Rashid**

Aus der Reihe "Lyrik-Salon"
Herausgegeben von: **Fouad EL-Auwad**

1. Auflage 2015,
Edition Lyrik-Salon Spezial 2015
© Copyright Fouad EL-Auwad
www.lyrik-salon.de
© Copyright für die Originaltexte liegt bei der Autorin

Titelbilder: Hedil Al-Rashid
Umschlagsdesign, Satz & Layout: Fouad EL-Auwad

Herstellung und Verlag:
BoD - Books on Demand, Norderstedt
ISBN 978-3-7347-6977-1

Inhaltsverzeichnis

- Blauer Himmel
- Sternennacht
- Ein Liebesgedicht
- Die Trennung
- Der Moment der Entsagung
- Seine Augen
- Ein Tropfen Sehnsucht
- Ich liebe dich...
- Der Traum
- Die weißen Tauben
- Die Liebe und März
- Der Fremde
- Abschied
- Gestern
- Kennenlernen
- Erstes Treffen
- Er sagte ihr:
- Sie fragte ihn...
- Sehnsucht
- Verführung
- Seufzer der Liebenden
- Wahnsinn
- Sanft
- Zaudern
- Liebestrilogie
- Wunsch
- In meinen Gedanken
- Sanft
- Liebesbekenntnis
- Denkst du an meine Liebe?

Hedil Al-Rashid

Denkst du an meine Liebe?

Liebesgedichte

هديل الراشد

أتفكّر في حبي؟

قصائد حب

Reihe Lyrik-Salon
Hrsg. Fouad EL-Auwad

Blauer Himmel

Siehst du den Horizont?
dort drüben in der Ferne?
Blauer Himmel
umarmt die Erde
Kalt ist der Wind
kalt meine Hand
Warm die Erde
warm ist deine Haut
Ich spüre bereits ihre Wärme
Verspürst du den kalten Wind?

سماء زرقاء

أترى الأفق؟
بعيداً هاهناك؟
سماء زرقاء
تعانق الأرض
باردة هي الريح
باردة كيديّ
دافئة هي الأرض
دفء بشرتِك
لطالما شعرتُ بدفئها
أتشعر أنت ببرد الريح؟

Sternennacht

Die Nacht
ist erwacht
Ein Gewand
mit funkelnden Steinen
aus weichem Samt
Genau wie du
wenn du lachst
und das Leuchten
in deinen Augen
in mir schöne Dinge
erweckt
wie eine Sternennacht

ليلة ساطعة النجوم

أفاق الليل
بحلّةٍ ناعمة كالمخمل
مُرَصَّعه
بأحجارٍ متلألئه
مثلك تماما
عندما تتبسّم
ويحيي ذاك البريق
في عينيك
أشياء جميلة
في داخلي
كليلةٍ ساطعة النجوم

Ein Liebesgedicht

Ich möchte deine liebevollen Augen küssen
das süße Lächeln auf deinen Lippen umarmen
in die Welt deiner Fantasie verreisen
wie eine Taube über deinen Armen flattern
im Meer der Liebe schmelzen

Ich möchte die Wärme deiner Hände verspüren
in deinen Venen endlos segeln
an den Ufern deiner Träume landen
mich von deinen Küssen verwöhnen lassen
deinen Puls in meinen Venen spüren
die Süße der Leidenschaft erleben

Ich möchte deine Träume streicheln
dich wie einen kleinen Jungen verwöhnen
deinem Herzschlag sanft lauschen
in deiner Welt wiedergeboren werden
ja, mich in dir verlieren

قصيدة حب

أودُ لو قبّلتُ عينيك
وحضنتُ البسمة على شفتيك
أسافر في عالم خيالك
كالحمامة أرفرفُ فوق ذراعيك
أذوب في بحر العشق
أتحسس دفء لمسات يديك

أودُ لو أبحرتُ بعروقك،
يحملني الشوق إليك
أرسي على ضفاف أحلامك
تداعبني قبلاتك،
تسري بعروقي نبضاتك
تسحَرُني حلاوة الغرام

أودُّ لو داعبتُ أحلامك
كالطفل الصغير أدلّلُك
أستمع لدقّات قلبك
يُعاد ميلادي في عالمك
بل أضيع بأعماقك

Ich möchte die Gefangene deines Herzens werden
mich mit dir unsterblich verschmelzen
Ich möchte die Regeln der Liebe vergessen
Die Melodie der Verliebten spielen
Ich möchte ganz einfach
Dich bedingungslos
Ja grenzenlos lieben

أودُّ لو أمسيت أسيرةَ قلبك
وتماهيت معك
أود لو نسِيْتُ قواعدَ الحبّ
وصرتُ نغماً فوق جبينك
أود ببساطة لو أحببتُك
بلا شروط بلا قيود
بلا شكوك بلا حدود ..

Die Trennung

Frag den frischen Wind nach einem Geliebten,
der sich getrennt, der sich hat entfernt
aus meinen Augen verloren
in meinem Herzen verborgen
Frag ihn nach den Regentropfen
die Fenster des Hauses schmeichelnd
den fließenden Tränen gleichend
Frag ihn nach den schlaflosen Nächten
nach den Sehnsüchten
nach dem Trennungsschmerz
und der Einsamkeit des Mondes…
Ist es gerecht, dass er in Schlaf versinkt
während die Nacht im Vollmond erhellt?
dass mich die Erinnerungen, die süßen Gelächter
verfolgen und auch die Schatten der Bilder?

الهجران

سَلِ النسيمَ
عن حبيبٍ غاب
عن حبيبٍ هجر
عن عيني بعيدٌ
أما بقلبي فباقي الأثر
سله عن قطرات المطر
تداعب زجاج الدار
كهطول دمعٍ منهمر
سله عن سهدِ الليالي
عن الوجد عن السهر
عن لوعة الفراق عن الحنين
عن وحدة القمر
أعدلٌ أن يغفو جفنه
أن ينام في ليلة بدر؟
وتلاحقني أنا الذكريات والضحكات والصور؟

Was ihm an wohl duftenden Rosen angenehm ist
genießt er voller Freud
und aus fremden Wassern
stillt er seinen Liebesdurst…
Vergessen habe ich längst das Unrecht
dessen, der die Rosen bluten ließ
und eine junge Liebe verstummen ließ
Denn wo die Nacht vergeht,
beginnt ein neuer Tag
und es weht
ein frischer Wind

يتنشق ما طاب له من عبير الزهر
يروي ظمأ عشقه من غير ذاك النهر
ما عاد يعنيني ظلم من هجر
من استنزف الورود الحمر
من قتل حباً نضر
فبرحيل ظلمة الليل
يتجدد هبوب النسيم
تتجدد ولادة الفجر

Der Moment der Entsagung

Ich stand an der Haustür
von den Gedanken verfolgt
Zärtliche Liebesmomente
Süße Küsse, innige Umarmung
Verabredung und Trennung
Tiefe Blicke, sanftes Geflüster
Sehnsucht und Liebeswörter
schweben in meinem Geist.. quälen mich
Ich ersticke in meinen Tränen

Das Rauschen der Meereswellen
braust immer noch in meinen Ohren
Das Leuchten seiner Augen an jenem Abend
wetteifert mit dem Funkeln der Sterne
Eine spontane, unerwartete Liebe
überwältigte mein Dasein
bat mich nicht einmal um Erlaubnis
faszinierte mich, belebte mich
vertrieb meine Sorgen
beflügelte meine Sinne

لحظة جفاء أبدية

وقفت عند باب الدار
تلاحقني الأفكار
لحظات حب رقيقة
قبلات وعناق
لقاء وفراق
نظرات شوق وهمسات
كلمات غزل وأشواق
تتراءى في مخيلتي.. تعذّبني
تخنقني العبرات

وهدير أمواج البحر في مسمعي
وبريق عينيه ذاك المساء
يسابق تلألأ النجمات
حب عفوي ليس في الحسبان
اجتاح كياني
لم يطلب مني حتى السماح
يسحرني تارةً .. ينعشني
ثم يبدّد أحلامي يُصيّرها سراب

Der Duft seines Odems
ist stets in meinem Gedächtnis
verleiht meinen Tagen Farben
erfüllt sie mit Rosen, mit Laternen
raubt mir langsam meine Seele
entbehrt mir jegliche Vernunft und Eitelkeit

Der süße Klang seiner Worte
löscht bisherige Erinnerungen der Hingabe
verdunstet jeden Tropfen Liebe
der sich in mein Herz eingeschlichen hat
und hinterlässt es geplagt
von seinem Schmerz

Ich kehr zurück, lecke meine Wunden
erwache aus meinem Traum
Die stillen Schreie des Kummers schweigen
die dunklen Wolken im Himmel verschwinden
Ich versöhne mich mit meinem Selbst, stehe auf
stürze mich wieder ins Leben, blicke auf

مازال عبق أنفاسه
في ذاكرتي فوّاح
يهدي أيامي الأمل
يملؤها وروداً وأفراح
يسلبني ذاتي
يجرّدني عقلي والكبرياء

ورنين كلماته
يمحو للعشق سجلّ الذكريات
بل يجفف كل قطرة حبٍ
تسلّلت الى قلبي
فبات تنهكه الجراح

أعود ألعق جرحي
أفيق من حلمي
أكمم صرخات الحزن الصامتة
ألملم ذاتي أنهض
أواصل خطواتي أواجه الحياة

Seine Augen

ein Meer von Zärtlichkeit
Ihre Farbe:
Honig
Wer sich wagt
gegen seine Wellen zu schwimmen
wird von deren Zauber überwältigt
wird verlieren
Wer sich wagt
davon zu trinken
wird seinen Genuss nie vergessen
sich von seiner Süße berauschen lassen
wird gewinnen

عيناه

بحر حنان
لونهما
العسل
من تجرَأ
وعام عكس تيار أمواجه
غلبه سحرهما
خسر
من تجرَأ
وشرب منه
ما نسي قط مذاقه
انتشى من حلاوته
ربح

Ein Tropfen Sehnsucht

Ist es Zufall, dass wir uns begegnet sind?
oder war es das Schicksal?
als unsere Blicke sich trafen
unter dem Mond
Nie vergesse ich seine klaren Augen
auch nicht jenes betörende Lächeln
und die tanzenden Wellen des Meeres
In meinen Gedanken klingt immer noch
jene süße, zauberhafte Melodie
als er mit mir tanzte
mit mir auf Wolken schwebte
und die Berührungen seiner Hände
meiner Taille schmeichelnd
meinen Haarsträhnen liebkosend
Ich entsinne mich seines Flüstern in meinem Ohr
wie es meine Sinne, ja meine Liebe erweckte
mein Gemüt wie Poesie ergötzte

نقطة حنين

أصدفةٌ التقينا

أم تُراه هو القدرِ؟

حين تلاقت عينانا

تحت ضوء القمر

لم أنسَ صفاء مقلتيه

لا ولا سحر تلك الابتسامة على شفتيه

وتراقص أمواج البحر

مازال بمخيّلتي

عذوبة ذاك اللحن

وهو يراقصني

ولمسة يديه

وهي تداعب خصري

وتُدلِّل خصلات الشعر

أذكر همساته في أذنيَّ

تدغدغ وجداني

تأسرني ككلمات شعر

Er fragte: „Wo warst du all diese Jahre?"
„Im Labyrinth der Zeit – ich sagte-
bis mich das Schicksal rettete"
Er küsste mich und löschte
einen Sandkorn meiner Sehnsucht
Die Lippen berühren sich
Wie die Sonne ins Meer am Horizont eintaucht
Fest umschlang er mich mit seinen Armen
tötete mich und belebte mich zugleich
verwandelte mich zu einem funkelnden Stern
Ich erinnere mich immer noch an jene Melodie
an jenen entronnenen Sommer
an das erste Licht der Morgendämmerung
Ich begriff schließlich
dass er mich vergessen hat
dass ich zu einem Tropfen Sehnsucht
im Meer der Liebe geworden bin
der von der Zeit zurück gelassen ist

يسألني : "أين كنت كل تلك السنين؟"
فأجيبه: "في متاهات الزمان
حتى أسعفني القدر"
يقبّلني يروي
ذرةً من حنيني
تتلاقى الشفاه
كغروب الشمس بأفق البحر
يضمّني بين ذراعيه
يقتلني فيحييني
يصيّرني نجمةً
في ليلة بدر
مازلت أذكر ذاك اللحن
ذاك الصيف الذي ولّى
وطلوع ذاك الفجر
والنسمة الرقيقة على خدّيَّ
أيقنتُ أنّه نسيني
وأني عدتُ نقطة حنينٍ
في بحر العشق
خلّفها وراءه ونساها الدهر

Ich liebe dich...

Ich liebe dich... Drei Worte
ein Zauberspruch
der die Rosen der Verlieben erfrischt
und die Inspiration der Dichter
aufs Neuste ernährt

Ich liebe dich... Drei Worte
ein Manifest
so alt wie die Welt
doch so jung
wie die Frühlingsknospen es sind

Ich liebe dich… Drei Worte
ein heiliges Bekenntnis
ein Liebesgelöbnis
das zwei Wege verbindet

Ich liebe dich... Drei Worte
der Prolog eines Liebesromans
dessen Protagonisten
du und ich es sind

أحبك.. كلمة

بل تعويذة
لطالما أنعشت
ورود العاشقين
وغذّت إلهام الشعراء
كل مرةٍ من جديد
أحبك.. كلمة
إعلان كالزمان عتيق
بل يافعٌ كنعومة براعم الربيع
أحبك.. كلمة
إعترافٌ مقدّس
ميثاقُ حبٍ
يربط ما بين دربين
أحبك.. كلمة
مقدّمة روايةٍ
أبطالها
أنت وأنا

Der Traum

Ich träumte von einer Heimat ohne Mauern
von Weizenfeldern so weit das Auge reicht
von Landschaften deren Flüsse nie austrocknen
von Wüsten so grün wie Weiden

Ich träumte von Häusern aus Gedichten
von Türen ohne Schlösser ohne Riegel
von Straßen, die führten zu Hoffnungen
von der Freude in den Augen der Kinder

Ich träumte von einer Sprache ohne Regeln
von Meinungen ohne Fesseln,
von Stimmen ohne knebeln
Ich träumte von einem Lied von süßem Klang
das gesungen wird von groß und klein
Ich träumte von einer Schaukel
die mit dem Lachen der Kinder schwang
Ich träumte von einer Legende
die außerhalb der Fantasie entsprang

الحلم

حلمت بوطنٍ بلا أسوار
بحقول قمح على مد الأبصار
بأراضٍ لا تجف بها الأنهار
بصحاري تعج بالأشجار
حلمت ببيوت من أشعار
بأبواب مفتوحةٍ، بلا أقفال
بشوارع تضفي الى الآمال
بالغبطة بعيون الأطفال
حلمت بلغةٍ بلا قواعد بقصائد بلا أوزان
بأصوات بلا تكميم بآراءٍ بلا أغلال
حلمت بأنشودة حلوة الألحان
يرددها الكبار والصغار
حلمت بأرجوحة
تميل مع ضحكات الأطفال
حلمت بأسطورة
مجردة عن الخيال

Ich träumte von einer Lüge
die zur Wahrheit geworden ist
Ich träumte von Gewehren
die Blumen und Stifte gebaren
Ich träumte von einem Moment Frieden
der Generationen lang anhielt

Ich träumte vom ersten Licht des Morgens
wie es die Dunkelheit der Nacht umarmte
Ich träumte vom Blau des Himmels
wie bunte Luftballons ihn zierten
Ich träumte vom ersehnten Augenblick
der mir ein Bruchteil dieses Traums erfüllt

حلمت بأكذوبة
صارت حقيقةً، واقع حال
حلمت بأفواه بنادق
تطلق وروداً وأقلام
حلمت بلحظة سلمٍ
دامت على مر الأجيال

حلمت بنور الصباح
يعانق سواد الليال
حلمت بزرقة السماء
تزيّنها ألوان البالونات
حلمت باللحظة التي طال انتظارها
ليتحقق جزءٌ من حلمي هذا

Die weißen Tauben

sind bereits rot gefleckt
die Träume vergraben
seitdem die Messer geschärft sind
Die schwarze Flut verwüstet blind die Häuser
zerstört Unschuld
erstickt die Blumen im Feld
Übrig bleibt nur die Erinnerung
die Erinnerung
an den Namen der Liebenden an den Bäumen
die Erinnerung
an den Klängen der Tänze
an dem Lachen der Alten und Jungen

الحمامات البيضاوات

أصبحت مبقّعة باللون الأحمر
دُفنت الأحلام
منذ أن سُنّت السكاكين
السيل الأسود يفتك بالبيوت مستعرا
يسحق البراءة
يخنق الورود في الحقول
لم يبق سوى الذكرى
ذكرى أسماء العاشقين
على الأشجار
ذكرى أنغام الرقصات
ذكرى ضحكات الكبار والصغار

Die Liebe und März

sind enge Freunde
Die erste Begegnung
der letzte Regentropfen
waren im März
Die ersten Narzissen
die du mir geschenkt hast
der letzte Sitz im Bus
den wir geteilt haben
im März
Der erste Kuss..
Sogar mein erstes Gedicht
schrieb ich im März

الحب وآذار

الحب وآذار
رفيقان حميمان
اللقاء الأول
وآخر قطرة مطر
كانا في آذار
أزهار النرجس
التي اهديتنياها
وآخر مقعد في الحافلة
اقتسمناه
في آذار
القبلة الأولى
بل حتى قصيدتي الأولى
كتبتها في آذار

Der Fremde

Vernarrt in dem Fremden
jenem Mann
mit dem bezaubernden Lächeln
aus dem Land hinter den Meeren
Er füllte all meine Gedanken
verfolgte mich in meinen Träumen
leerte meine Tintenfässer
bewegte meine Finger,
Gedichte zu schreiben
Ich entsandte sie als Tauben
um an seine Balkonien zu landen
um sein Herz zu füllen
ihm mein Geheimnis zuzuflüstern
Und bevor ihm
mein Geständnis erreichte
zerschmetterte er meine Symphonie
mit einer anderen Melodie
die sein Herz erfüllte
meine Tauben tötete
Die frohe Botschaft
verflog mit dem Wind

حب الغريب

متيمة في حب الغريب
ذاك الرجل
ذي البسمة الساحرة
ماوراء البحر
يشغل كل فراغاتي
يلاحقني حتى في أحلامي
يملأ محابر أقلامي
يحرك أناملي
لتكتب فيه أبيات شعر
أُطلقها كالحمامات
لتحط على شرفاته
لتتسلل الى قلبه
لتنثر الزهر
فيبادلني الغزل
ماكدتُ أسرد اعترافاتي
وأبوح له بالسر
حتى بات يتغنّى بنغمٍ آخر
يذهل عقله
يسحق آمالي
يغتال حماماتي
ويذهب مع مهبّ الريح الخبر

Abschied

Wir schauen uns in die Augen
Noch fünf Minuten
bis zur Abfahrt
Ein letztes Mal
seinen warmen Blick einzusaugen
Eine letzte Umarmung
Ein letztes Mal
die gemeinsame Luft einzuatmen
die gemeinsamen Erlebnisse zu durchleben
Ein letztes Mal
einfach seine Nähe zu verspüren
Unsere Herzen wetteifern miteinander
pochen immer lauter
Noch ein letzter Kuss
seine unverwechselbaren Lippen zu berühren
Der Abschied naht
Der Zug setzt sich in Bewegung
Wir trennen uns
Wir hinterlassen unsere Schatten
ineinander verschlungen
Auf dem Gleis

وداع

نتبادل النظر
مازال هناك
خمسَ دقائق
حتى موعد الرحيل
فرصة أخيره
للإرتواء من نظرته الحنونة
عناق أخير
فرصة أخيره
لاستنشاق الهواء ذاته
لنستذكر ماعشناه سويّة
فرصة أخيره
لمجرد إحاطته بي
تتسابق القلوب
يتسارع خفقانها
قبلة أخيره
تغرقني ببحر شفتيه
يقترب موعد الرحيل
يبدأ القطار بالحراك
نفترق
مخلّفين طيفينا
على الرصيف متعانقين

Gestern

bist du gegangen
Du hinterließt
deinen Duft
an meinem Kleid
Ich trage es jetzt
um deine Seele
um mich zu spüren
um deinen Atem
in mir zu lauschen
Ich fühle es
mit all meinen Sinnen
Es ist einzigartig

بالأمس

رحلت
بالأمس خلّفتَ عطرك
على نقش الفستان
أرتديه الآن
لأشعر من حولي
بوجودك
لأُنصِتَ في خَلَدي
إلى أنفاسك
أستشعره بكلّ حواسّي
أدرك
أنّ لامثيل له

Kennenlernen

Sein Gesicht streift ihres an
sein Blick fängt ihren auf
lässt ihn nicht mehr los
Er legt ihr ein Lächeln
auf ihre Lippen
Sie schaut neugierig zu
Er kommt auf sie zu
Ihr gefällt seinen Gang
Er fragt sie höflich
nach einem netten Café
Sie erklärt ihm geduldig
Aus ihren Gedanken
verschwinden langsam
die roten Rosen

Er fängt sie wieder auf
bindet sie zu einem Strauß
fragt sie
ob er sie
zu einem Kaffee
einladen darf
in diesem Café
Sie stimmt zu
Das Abenteuer fängt an..

تعارف

يخطف وجهه محيّاها
تلتقط نظراتُه عينيها
تمسك بهما دون ان تدعهما
يرسم ابتسامة على شفتيها
تبادله النظر بفضول
يقترب منها
تعجبها طريقة مشيته
يسألها بلطف عن مقهىً في القرب
تشرح له برحابة صدر
تختفي تدريجياً
من أفكارها
الورود الحمر

يلتقطها هو مجدداً
يضبُّها في باقة
يسألها إن كان بإمكانه
أن يدعوها
لفنجان قهوة
في ذاك المقهى
توافق
وتبدأ المغامرة

Erstes Treffen

Er kommt..
Seine Augen strahlen sie an
Sie sieht ihn anlächelnd an
Er spricht
Sie hört ihm aufmerksam zu
verfolgt seine Gedanken
seine Lippen
Er bewegt seine Hände
Sie beobachtet seine Gesten
hört die leisen Signale
selbst aus seinem Schweigen
spürt das Echo seines Selbst
Sie spricht
Er schaut ihr tief
in die Augen
Sie kann fühlen
sein Spiegelbild
in ihren Pupillen

اللقاء الأول

أتى الى الموعد
عيناه تبتسمان إليها
تبادله هي الابتسام
يبدأ بالكلام
تصغي إليه باهتمام
تتابع أفكاره
تتقفى شفتيه
يوماً بيديه
تراقب همس أشاراته
بل سكناته
تنصت الى صدى ذاته
تبدأ هي بالكلام
يمعن النظر الى عينيها
تشعر بانعكاس صورته
في بؤبؤ عينيها

er verfolgt den Klang
ihrer Worte
eine Symphonie
spielt in seinen Ohrmuscheln
Seine Augen umgeben
ihre Lippen
Seine Wimpern streicheln
ihre Worte

Er ist unkonzentriert
von den Kurven verführt
Seine Augen
klammern sich an ihre
lächeln ihr zu
Für eine Sekunde
verliert sie den Faden
Sie lacht
Er lacht
Er berührt ihre Hand

يتابع نغمات كلماتها
يتبادلان الحديث
سيمفونيّة
تعزف في محارة أذنه
عيناه تحيط
بشفتيها
أهدابه تداعب
كلماتها
للحظةٍ يفقد تركيزه
يفتتن بمنحنياتها
تعلق عيناه بعينيها
تبتسمان إليها
ينقطع حبل أفكارها
لوهله
تضحك
يضحك هو
يلمس يدَها

Er sagte ihr:

Ich liebe dich, so wie du bist
eine sanfte Brise
ein wilder Wind
ein Wassertropfen
ein unerschöpflicher Brunnen
Ich liebe dich eine Rosenknospe
so zärtlich so sanft
Ich liebe dich eine reife Frucht
einen Feigenbaum

Ich liebe dich, so wie du bist
unretuschiert, unzensiert
fließende Tränen
mit Kajal verschmiert
nackte Lippen
von Farben entblößt

قال لها:

أحبكِ كما أنت
نسمةً عذبةً
أم ريحاً هائجة
قطرة ماء أم نبعاً لاينضب
أحبك وردةً نضرة
مازالت في التكوين
أحبك ثمرة ناضجة
شجرة تين

أحبك كما أنت
بلا رتوش بلا تزيين
بدمع يسيل منه
كحل العين
بشفاه عارية
تحررت من التلوين

Ich liebe dich, so wie du bist
elegant oder schlicht
spitze Absätze
nackte Füße
Ich liebe dich ein weißes Blatt
ein Buch voller Weisheit
Ich liebe jede Zeile
die die Zeit in deine Geschichte hinterließ
So wurdest du zu meiner Legende
zur Muse meiner Poesie

Ich liebe dich, so wie du bist
in deiner Stille, in deiner Furor
im Wahnsinn, im Frieden
in der Laune der Meereswellen

Ich liebe dich in deinem Wachsein
in deinem Schlaf
indem du mich anlachst
oder mich ignorierst
indem du dich mir verweigerst
indem du mich verführst
mich begehrst, mich ganz und gar erfüllst

أحبك كما أنت
أنيقة، بسيطة
بكعبٍ عالٍ
أم بقدمين حافيتين
أحبك ورقة بيضاء
أم كتاباً مليئاً بالعبر
أحب كل سطر
خطّه الزمان في تاريخك
فأصبحتي ملحمتي
ملهمتي في ديوان الشعر

أحبك كما أنت
في صمتك في غضبك
في جنونك في هدوءك
بمزاج أمواج البحر

أحبك في صحوك
في منامك
في تجاهلك لي
ثم إغرائي
في تمنّعك عني
في اشتهائي بل احتوائي

Sie fragte ihn..

Bist du es, derjenige
in dessen Fantasie
ich mich verlaufen habe?
Er antwortete..
ich bin das verlassene Ufer
Wie lange hab ich gewartet
die Zeit angefleht
hätte jedes Opfer
dafür gegeben
die Meeresjungfer
zu begegnen
Doch sie erschien mir nie...

Mein Abendgenosse
sind die rauschenden Meereswellen
Meinen Trost
finde ich im glitzernden Wasser
unter dem Mondschein

Ich bin das Segelboot
unaufhaltsam, unbeirrt
schlägt es seinen Weg ein
versucht in der Dunkelheit
das Zwielicht zu erreichen

سَأَلَتْهُ

أأنتَ
مَنْ أخالُك
أن تكون؟
أجابها...
أنا الشاطئ المنسيُ
لطالما ترقّبت
قدوم حوريتي
مناجياً القدر
نديمي في ليلي
تلاطم أمواج البحر
وسلوتي
تلألأ الماء بضوء القمر

ثم أنا القارب الشراعي
ماانفك يشق طريقه
في الظلام
قاصداً نور الفجر

Oh weh wie erschöpft ist mein Segel!
Wie stürmisch der Pfad!
Wie kühl die Nacht!
Doch wie fern mein Ziel!
Ich kapituliere
gebe meinen Traum auf
Meine Netze sind zerrissen
die Muscheln verloren

Ich bin ein Heimkehrer
ein niedergeschlagener Fischer
ohne Perlen, ohne Aussicht
Doch dann sah ich ihr Gesicht
ein sanfter Traum
als erwache sie aus dem Nichts
Eine frische Brise
seit jeher umgab sie mich
wehte sachte
doch bislang spürte ich sie nicht

Ja, ich bin dein Geliebter
der deinen zarten Zauber
in seiner Fantasie
Jahre lang verkannt hat
Dessen Herz blind gewesen war

آه من طول صبري
آه من طول السهر
من طول السفر
كفاني تجوالاً
معاناةً واغتراباً
بليت آخر شباكي
وضاعت أجمل محاراتي

وعدت صياداً خائباً
دون لؤلؤ، ٍدون درّ
فإذا بي ألمح وجهها
كالحلم الوردي
ظهرت من حيث لاأدري
كانت تحيط بي
دوماً كالنسيم
ولم أكن بها أشعر

نعم أنا حبيبك
الذي لم يعي سحرك
من قبل
وكان قلبي
فاقد البصر

Sehnsucht

Ich liege auf meinem Bett
Mich tötet die Einsamkeit
Es scheint mir eine Ewigkeit
Mich quält die Sehnsucht
Ich betrachte das Zimmer
Ich träume
doch schlaf ich nicht
Ich schwebe
doch bin ich nicht verliebt
Ich sehne mich nach seinen Berührungen
meinem Körper streichelnd
meinem Nacken, meinem Arm verwöhnend
mich in Ekstase versetzend
Eine Achterbahn
Ich sehne mich nach seinen Küssen
um mein Sein ins Leben zu rufen
mich von meiner Lethargie zu erwecken
mich als Frau zu fühlen

حنين

استلقيت على سريري
تقتلني وحدتي
تبدو لي كحقبة من الزمن
أضناني الحنين
تأمّلتُ الغرفة
حالمة
ولست بنائمة
هائمة
ولست بعاشقة
أتوق للمساته
تداعب جسدي
تدلّل عنقي وذراعي
لتأجج وجداني
كقطار سريع
أتوق لقبلاته
لتُحيّ كياني
لتوقظني من سباتي
لتشعرني بأني امرأة

Ich vermisse seine Blicke
meinen Schatten zu verfolgen
mich heimlich zu beobachten
sich von meinen Blicken
zu erwischen

Ich schaue mich um
Ich finde ihn nicht
Ich sehe sein Gesicht nicht
sondern finde das Kissen
neben mir
leer

أفتقد نظراته
تتعقّب خيالي
تراقبني سراً
فتفتضحها نظراتي

أنظر من حولي
فلا أجده
لا أرى وجهه
بل أجد الوسادة
بجانبي
خالية

Verführung

Ich bereitete mich für den Abend vor
trug ein Abendkleid
hohe Absätze
malte mir die Lippen an
Ich verführte den Abend
lachte ihn an
Er errötete, er floh
Er flüchtete in die Nacht
Ich lackierte mir die Fingernägel
legte meine Lieblingskette an
schnappte meine Handtasche
stieg ins Taxi ein
begab mich in die Nacht
Ich steckte ein Zigarillo an
zwinkerte der Nacht zu
sie war verwirrt
Ich warf ihr einen Kuss zu
Sie wirkte verblüfft
verzaubert
Sie ergab sich
erlag mir
und der Abend
ebenso

إغواء

تهيأتُ للمساء
ارتديت فستان مساء
لبست كعباً عالياً
وضعتُ أحمر الشفاه
أغويتُ المساء
ابتسمتُ له
احمرّ من الخجل، فرّ
ثم لجأ الى الليل
طليتُ اظافري
وضعتُ قلادتي المفضّلة
حملت حقيبتي
ركبت التاكسي
توجّهتُ الى الليل
ولّعتُ سيكارة
غمزت له
ارتبك الليل
اهديته قبلة
انذهل الليل
انسحر
استسلم لي
خضع
ومعه خضع المساء أيضاً

Seufzer der Liebenden

Die Nacht ließ ihren Vorhang
über die Dächer der Stadt herabfallen
Die Straßen und Geschäfte
schliefen ein
Allein der Straßenmusiker
entfesselte seine Melodien
ins Gemüt
der vorbei eilenden Passanten
als Bekenntnisse
eines Liebenden
auf der Suche
nach Erlösung
als Seufzer der Liebenden
die, die Zeit anflehen
stehen zu bleiben
damit sie
unendlich
fortbestehen

تنهّدات العاشقين

أسدلَ الليلُ ستائره
على سطوح المدينه
نامت عيون الدكاكين
نامت الشوارع
إلا عازف السكسفون
بات يطلق أنغامه
في آذان المارّة السامعين
كاعترافات عاشقٍ
تبحث
عن الخلاص
كتنهدات العاشقين
تتوسل الوقت
أن يتوقف
وأن تستمرّ هي
آلاف السنين

Wahnsinn

Weis mir den Weg
zu den Oasen der Vernunft
um mich wieder zu finden
Denn seitdem ich deine Augen sah
verließ mich mein Verstand
und im Labyrinth des Wahnsinns
verlor ich mich, wurde zu einem Tropfen Elend

جنون الحب

دُلّني الدرب
اهتدي الى واحات الصواب
لأجد نفسي
فأنا مذ رأيت عينيك
غاب عقلي
وفي متاهات الجنون
تهتُ وأمسيتُ نقطة شقاء

Sanft

bist du..
Wie die Nacht
einen Jasminzweig umspielt
Sehnsüchtig
wie die Wüste
den Regen begehrt
Du verspürst meine Lust
ich deine Leidenschaft
Du lässt dich jedoch nicht
von der süßen Strömung treiben
kämpfst gegen den Wind
glaubst, du wärst ein Felsen
Doch in Wirklichkeit
bist du ein ohnmächtiges Blatt
vom Winde verweht
von der Sehnsucht
überwältigt
In Wirklichkeit
bist du sanft

هادئ أنت

كليلٍ يداعب
غصن ياسمين
مشتاق أنت
كاشتياق الصحراء
لسقوط المطر
تُراك تعي لوعتي
كما أعي هيامك
لكنك تدعي التجافي
تقاوم عذوبة التيار
تسير ضدالريح
متصوراً نفسك سفح الجبل
لكنك في حقيقة الأمر
ورقة مغلوب على أمرها
أمام سيل الغرام
ذهبت مع الريح
في حقيقة الأمر
أنت هادئ

Zaudern

Gib mir die Zeit..
zwei Sekunden oder etwas länger
um meine Stirn zu kräuseln
einen halben Tag oder etwas länger
um meine Gedanken zu ordnen

eine Woche oder etwas länger
um meine Worte einzufädeln
sie wie eine Perlenkette
auf dem Busen
auf den Lippen
zu tragen

zwei Monate oder etwas länger
um sie zu widerrufen
sie auf offener Straße loszuwerden
als ob sie nie existierten

zwei Jahre oder etwas länger
um zu mir selbst zu finden
um vom Neuen zu beginnen
Ich bereue
Doch die Zeit ist abgelaufen

تردد

إمنحني الوقت..
ثانيتين أو أكثر..
أقطِّب فيها جبيني
ألتزم الصمت أم لأتفكّر؟
نصفَ نهارٍ أو أكثر..
أرتب خلاله أفكاري
أسبوعاً أو أكثر..
لأرُصُّ كلماتي
كالعقد أحملها
على صدري
بل على شفتيّ
شهرين أو أكثر..
لأسحب كلامي
لأرميه على قارعة الطريق
كما لو لم يكن
سنتين أو أكثر..
لأجد نفسي
لأبدأ من جديد..
أندم..
إلا أنه قد فات الأوان

Liebestrilogie

Verliebt
Wir vermissen einander
Wir flüchten zueinander
Wir küssen einander
Wir träumen voneinander
Wir leben füreinander

Liebe
Wir denken aneinander
Wir verstehen einander
Wir fühlen miteinander
Wir vertrauen einander
Wir leben miteinander

Leidenschaft
Wir brauchen einander
Wir begehren einander
Wir glühen füreinander
Wir respektieren einander
Wir leben ineinander

ثلاثية حب

غرام
نفتقد بعضنا البعض
نهرب الى بعضنا البعض
نتبادل القبل
نتبادل الأحلام
نعيش لبعضنا البعض

حب
نفكر ببعضنا البعض
نفهم بعضنا البعض
نشعر ببعضنا البعض
نثق ببعضنا البعض
نعيش مع بعضنا البعض

شوق
نتحرق شوقاً لبعضنا البعض
نحتاج بعضنا البعض
نشتاق لبعضنا البعض
نحترم بعضنا البعض
نحيا في بعضنا البعض

Wunsch

Ich wünschte,
ich könnte der Wind für deine Segel sein
und du,
der Strom, der meine Blätter treibt.

Ich wünschte,
ich könnte der Fluss für deine Fantasie sein
und du,
der Himmel, der meine Wolken trägt.

Ich wünschte,
ich wäre die See, die deinen Regen auffängt
und du,
das Licht, das meine Rosen aufblühen lässt.

أمنية

تمنّيت
لو كنتُ ريحاً لشراعك
وأنت تيار النهر الذي يحمل أوراقي

تمنّيتُ
لو كنتُ الجدول الذي يغذي خيالك
وأنت السماء التي تحمل غيماتي

تمنيّت
لو كنتُ واحةً تقتاتُ بأمطارك
وأنت الضوء الذي يفتّح أزهاري

In meinen Gedanken

tanze ich zu einer sanften Melodie
allein mit dir
Ich fliege mit dir
während du fern von mir
mit fremden Tauben fliegst

Dein süßer Atem
umgibt mich
hält in mir
obwohl du fern bist von mir

Mein Duft segelt zu dir
du spürst ihn
in dir
obwohl ich fern bin von dir

Mein Wortgeflüster
beschäftigt deine Gedanken
Ich bin bei dir

Deine samtige Hand
berührt meine Haut
Du bist bei mir

Du füllst meine Gedanken
Du bist in mir

أرقص في خيالي

على أنغام لحنٍ جميل
أحلق معك
معك أنت فقط
بينما ترفرف أنت
مع الحمامات الغريبة
بعيداً عني
ومن حولي
عطر أنفاسك العذب
يفوح بين جوانحي
وبالرغم من بعدك عني
يبحر إليك عطري
تستشعره
يغور في أعماقك
بالرغم من بعدي عنك
تداعب خيالك
همساتي
روحي معك
تداعب بشرتي
يدك المخملية
روحك معي
تملأ أفكاري
تحتل كياني

Sanft

erschien sie..
Wie eine Melodie
aus einer Violine fließt
Dunkles unbändiges Haar
wie die Wellen
des Flusses
Jedes Mal wenn sie sich wendete
streute sie aus ihren Strähnen
Blumen um sich herum
verblüfte die Anwesenden
zog die Blicke jenes
dunklen jungen Mannes an

بدت

عذبةً
كلحن ينساب
من آلة كمان
شعر داكن
جامح كأمواج النهر
كلما استدارت
نثرت خصائلها
وروداً من حولها
أذهلت الحاضرين
وأثارت انتباه
ذاك الشاب الأسمر

Liebesbekenntnis

Ich sehnte mich
seit langer Zeit
nach dir
die Sehnsucht der Brieftaube
nach Freiheit

Ich suchte in allen Winkeln
der Gespräche nach dir
in den Fluren der Sehnsüchte
hinter den Mauern des Sinnvollen des Sinnlosen
zwischen den Versen meiner Gedichte

Dich fand ich nicht
Du hast mich gefunden
Deine unendliche Sehnsucht
nach mir
führte dich
zu meiner urewigen Sehnsucht
nach dir
zu meiner deiner Seele

إعترافٌ بالحب

أشتقت إليك
منذ زمن بعيد
كاشتياق الحمام الزاجل
إلى الحرية

بحثت عنك
في كل زوايا الحديث
في أروقة الوجد والحنين
خلف أسوار المعنى واللامعنى
مابين أبيات قصائدي

لم أجدك
بل وجدتني أنت
أوصلك شوقك الأبدي إلي
إلى شوقي الأزلي إليك
إلى روحي إلى روحك

Du liebtest mich
als hättest du mich
ewig geliebt
Und ich liebte dich
denn ich hatte dich
bereits ewig geliebt

أحببتني أنت
كما لو كنتَ قد
أحببتني من قبل
أحببتك أنا
لطالما قد
أحببتك من قبل

Denkst du an meine Liebe?

Ich wünschte ich wäre der erste
Regentropfen
um auf deine Wange zu fallen
um sie zu liebkosen
um dich zu erfrischen
um mich zu berauschen
um zu verdunsten

Ich wünschte ich wäre ein Zuckerwürfel
um mich in deiner Teetasse zerfließen lassen
um von dir getrunken zu werden
um in deinem Dasein zu ertrinken
um dich zergehen lassen wie ein Zuckerwürfel

Ich wünschte ich wäre eine duftende Rose
um mich von dir pflücken zu lassen
um meinen Duft von dir einatmen zu lassen
um deine Brust zu füllen
um mich in dein Herz zu schleichen
um darin zu verweilen

أتفكّر في حبّي؟

وددتُ لو كنتُ أولَ قطرة مطر
لأسقط على وجنتك
فأقبّلها
لتنتعش أنتَ
فأنتشي أنا واتبخر

وددتُ لو كنتُ حبّةَ سكّر
لتذوّبني في فنجانك
لتشربني
لأغرق في كيانك
وتذوب أنت كحبة سكّر

وددت لو كنت وردةً فوّاحة
لتقطفني
لتستنشق عطري
فأملأ صدرك
وأتسلل إلى قلبك
وبه استقر

Ich wünschte ich wäre ein Liebesgedicht
um mich von dir lesen zu lassen
um deine Gedanken zu beschäftigen
um meine Worte nicht zu vergessen
um mich in deinem Gedächtnis zu verewigen
um an meine Liebe zu denken

وددت لو كنت قصيدة حب
لتقرأني
لأشغل بالك
فلا تنسى كلماتي أبداً
لأخلّد سحري في ذاكرتك
لتتذكر حبي وبه تفكّر

Edition Lyrik-Salon spezial 2014/15

Herausgeber: Fouad EL-Auwad

www.lyrik-salon.de

"die kerze brennt noch"

Zweisprachige Anthologie (Deutsch/Arabisch)

Übersetzt und herausgegeben

von

Fouad EL-Auwad

ISBN: 9783734731631

"mit den buchstaben unterwegs"

Lyrische Prosa

Fouad EL-Auwad

Sprache: Deutsch

ISBN 978-3-7347-5371-8

© Copyright Fouad EL-Auwad

Hedil Al-Rashid

Geboren in Basra: Tochter deutscher Mutter und irakischen Vaters. Nach dem Germanistik-Studium an der Sprachfakultät der Universität Bagdad und dem Germanistik / Orientalistik-Studium an der Justus-Liebig-Universität Gießen begann sie mit dem Promotionsstudium im Fachbereich Arabistik an der Westfälischen Wilhelms-Universität Münster.

Hedil Al-Rashids Kreativität findet nicht nur in der Poesie einen Platz, sondern auch in der Malerei zwischen den Farben.